Auf in den Zirkus!

Deutsch für Kinder
von Begoña Beutelspacher

Ernst Klett Sprachen
Stuttgart

Auf in den Zirkus!

Deutsch für Zirkus

1. Auflage   23 | 2025

Alle Drucke dieser Auflage sind unverändert und können im Unterricht nebeneinander verwendet werden.
Die letzte Zahl bezeichnet das Jahr des Druckes. Das Werk und seine Teile sind urheberrechtlich geschützt. Jede Nutzung in anderen als den gesetzlich zugelassenen Fällen bedarf der vorherigen schriftlichen Einwilligung des Verlags.

Autorin: Begoña Beutelspacher
Pädagogische Mitarbeit: Encina Alonso
Übersetzung: Bettina Peters
Redaktion: Cristina Palaoro
Umschlag und Illustrationen: Anke Jessen
Druck und Bindung: Elanders Waiblingen GmbH, Waiblingen

Printed in Germany
ISBN 978-3-12-554725-4

Der Zirkus ist da! Hereinspaziert, hereinspaziert meine Damen und Herren, liebe Kinder! Willkommen im Zirkus!

Sich vorstellen

Hallo, wie heißt du?

Hallo, ich heiße Meike.

Hallo, ich bin Jan.

Und ich bin Fips.

Ich heiße Zulu.

Und du, wie heißt du?
Schreib deinen Namen und mal das Mädchen oder den Jungen an.

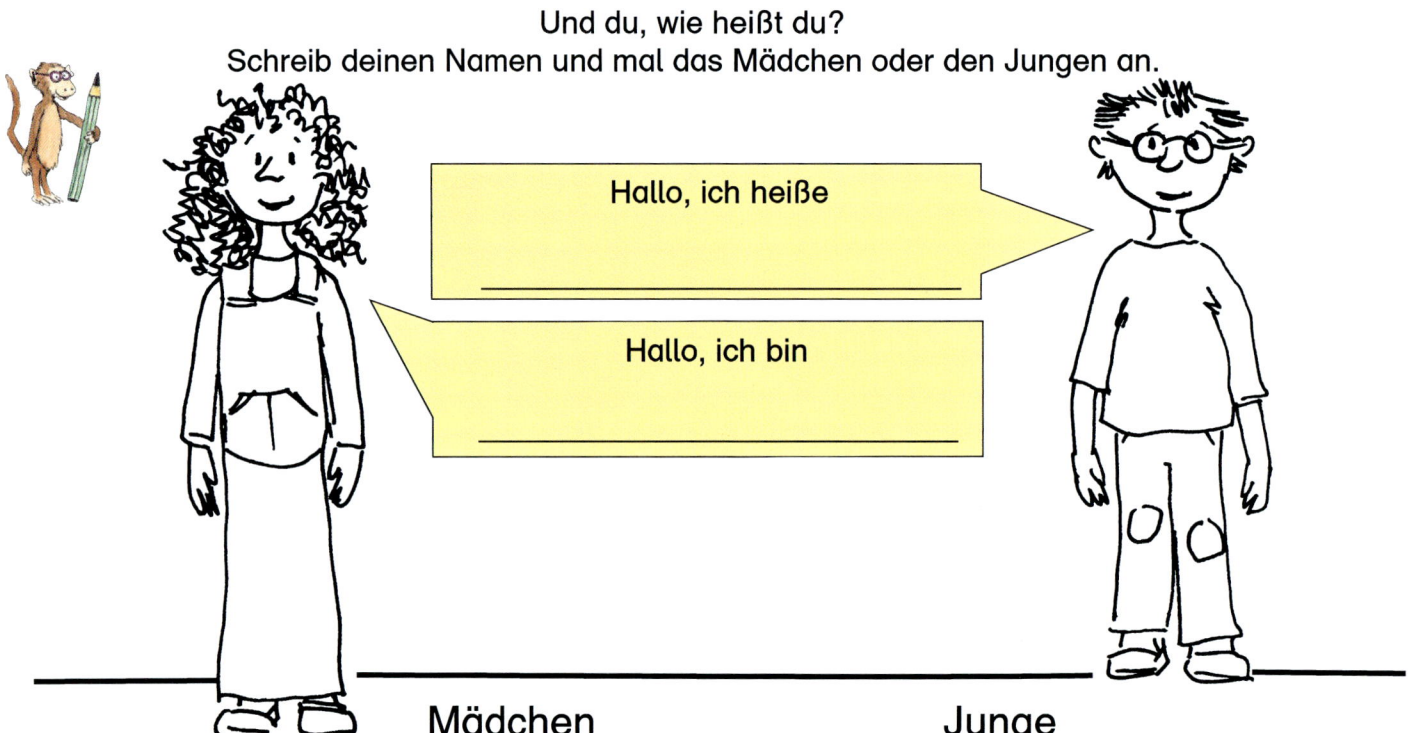

Hallo, ich heiße
_____

Hallo, ich bin
_____

Mädchen

Junge

Kennst du alle Kinder aus deiner Klasse? Wie heißen sie?

Sich vorstellen

Ich heiße

_____

Hier ist Platz für ein Bild von dir.

Meine Lehrerin / mein Lehrer heißt

_____

Sich vorstellen

Guten Morgen!

Guten Tag!   **Gute Nacht!**

Grüß alle deine Freundinnen oder Freunde.

Sich vorstellen

Such die Buchstaben deines Namens und mal die Bilder an.

_____

A Auto	**B** Bär	**C** Clown	**D** Drache
E Elefant	**F** Flugzeug	**G** Gespenst	**H** Hund
I Indianer	**J** Judo	**K** Katze	**L** Löwe
M Maus	**N** Nest	**O** Ohr	**P** Papagei
Q Qualle	**R** Rose	**S** Sonne	**T** Tee
U Uniform	**V** Vogel	**W** Wurst	**X** Xylofon
Y Ypsilon	**Z** Zebra		

Sich vorstellen

Mit welchem Buchstaben fangen die Wörter an?
Verbinde jedes Bild mit dem richtigen Anfangsbuchstaben.

B    R

F   D   L

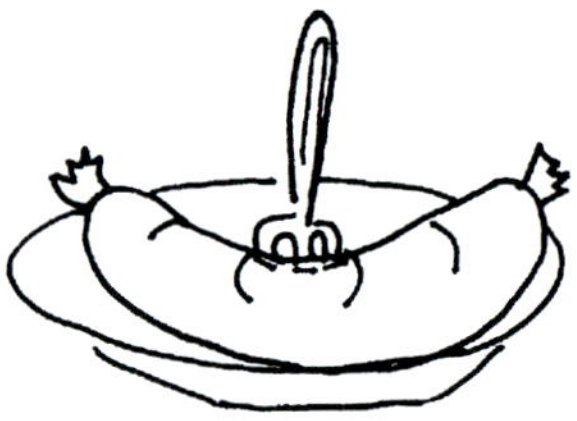

S   G   W

E   X   C

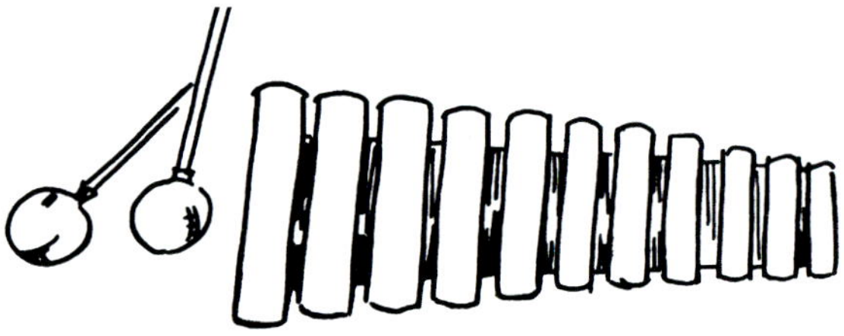

Meike und Jan haben viele Freunde im Zirkus.
„Das ist mein Freund Fips. Fips ist ein Affe."

Die Tiere

Wie heißen deine Freundinnen und Freunde?
Schreib ihre Namen auf und lies sie vor.

Meine Freunde

Meine Freundinnen

Die Tiere

Was sagen die Tiere? Schreib die Namen in das Rätsel.

Zebra · Katze · Pferd · Tiger · Bär

1. Ich bin ein Zebra.

2. Ich bin ein _____

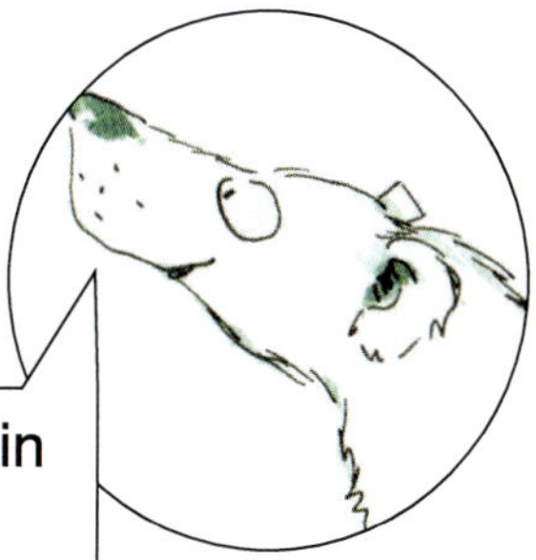

3. Ich bin ein _____

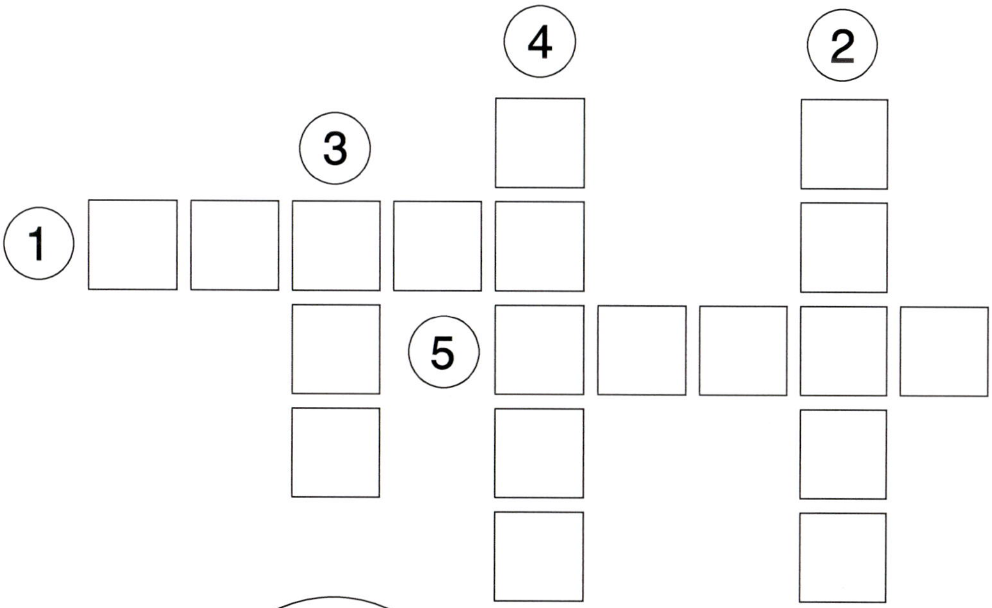

4. Ich bin eine _____

5. Ich bin ein _____

Die Tiere

Zeichne einen Hund und eine Katze.
Wo ist ihr Spielzeug? Such den Weg.

Wie heißt deine Katze?

Wie heißt dein Hund?

Die Tiere

Kennst du die Tiere? Welche sind schnell? Welche sind langsam?
Vergleiche dein Ergebnis mit anderen.

Schlange

Antilope

Raupe

Hase

Tiger

Schnecke

schnell	langsam

Die Tiere

Was sind deine Lieblingstiere? Zeichne sie und schreib ihre Namen auf.

Heute hat Meike Geburtstag. Vor der Zirkusvorstellung singen alle ein Geburtstagslied für sie. „Herzlichen Glückwunsch!"

Die Zahlen

Mal die Zahlen an.

0 NULL   8 ACHT

1 EINS   9 NEUN

2 ZWEI   10 ZEHN

3 DREI   11 ELF

4 VIER   12 ZWÖLF

5 FÜNF   13 DREIZEHN

6 SECHS   14 VIERZEHN

7 SIEBEN   15 FÜNFZEHN

Welche Zahlen sind in den Bildern versteckt?
Vergleich dein Ergebnis mit anderen.

Die Zahlen

In jeder Reihe hat sich eine Zahl versteckt. Findest du sie?

6   D P S E C H S J K F S I

11   K L O N K H E L F E L A

5   O H I L O F Ü N F O P H

15   Q I N K F Ü N F Z E H N

10   M D H I Z E H N D I E Z

2   J O Z W E I I H A U F Z

Wie viele Katzen, Löwen, Elefanten und Kühe siehst du?
Ich sehe ...

Die Zahlen

Womit fliegt Fips?
Verbinde die Punkte der Reihe nach.

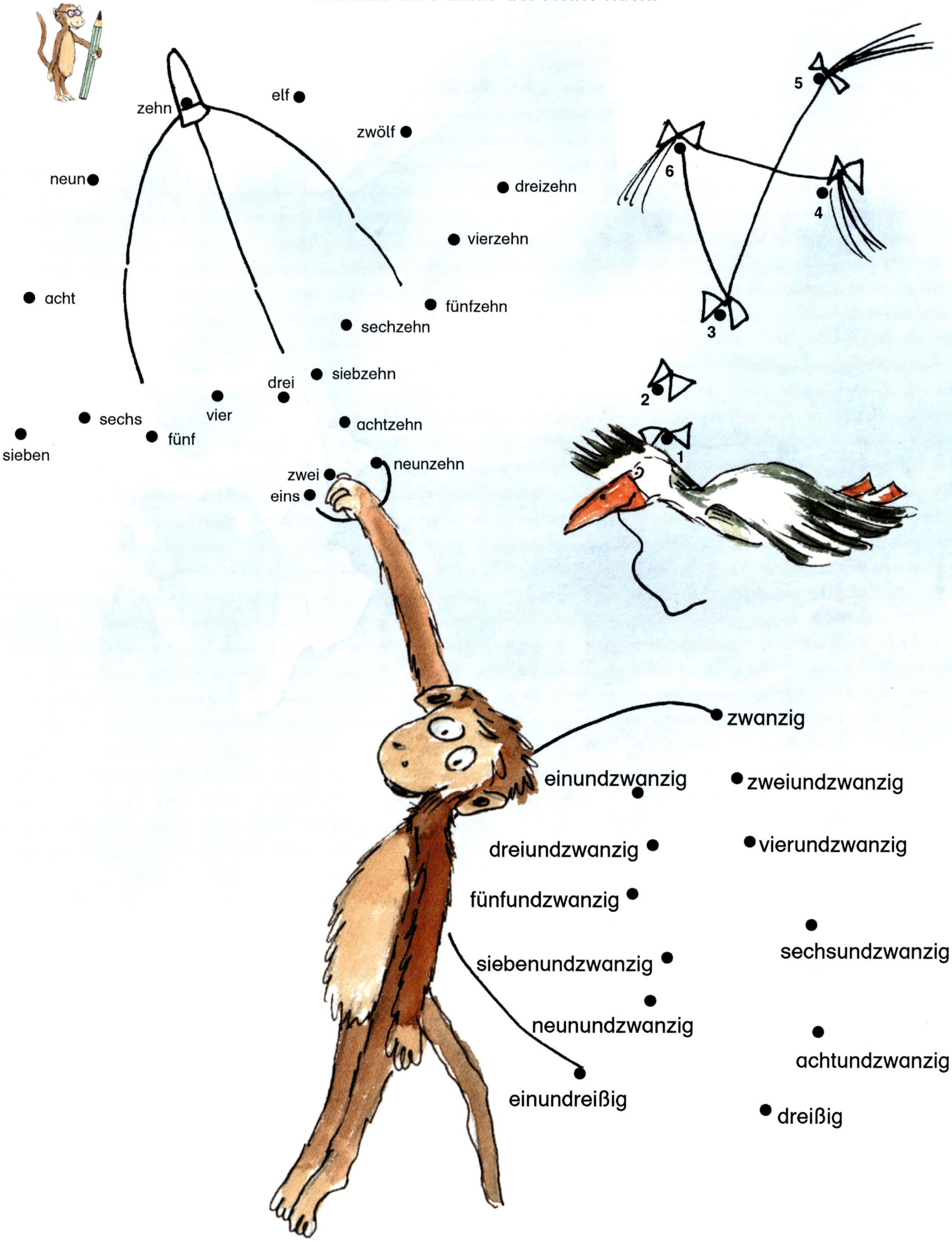

zehn •   elf •

zwölf •

neun •

• dreizehn

• vierzehn

acht •

• fünfzehn

• sechzehn

drei • • siebzehn

sechs • vier •

fünf • • achtzehn

sieben •

zwei • • neunzehn

eins •

5

6

4

3

2

1

zwanzig

einundzwanzig • • zweiundzwanzig

dreiundzwanzig • • vierundzwanzig

fünfundzwanzig •

• sechsundzwanzig

siebenundzwanzig •

neunundzwanzig • • achtundzwanzig

einundreißig • dreißig

Die Zahlen

Der Kalender. Meike hat am 2. August Geburtstag.
Und du? Kreuz deinen Geburtstag an.

JANUAR	FEBRUAR	MÄRZ	APRIL
1 2 3 4 5 6 7 8 9 10 11 12 13 14 15 16 17 18 19 20 21 22 23 24 25 26 27 28 29 30 31	1 2 3 4 5 6 7 8 9 10 11 12 13 14 15 16 17 18 19 20 21 22 23 24 25 26 27 28	1 2 3 4 5 6 7 8 9 10 11 12 13 14 15 16 17 18 19 20 21 22 23 24 25 26 27 28 29 30 31	1 2 3 4 5 6 7 8 9 10 11 12 13 14 15 16 17 18 19 20 21 22 23 24 25 26 27 28 29 30

MAI	JUNI	JULI	AUGUST
1 2 3 4 5 6 7 8 9 10 11 12 13 14 15 16 17 18 19 20 21 22 23 24 25 26 27 28 29 30 31	1 2 3 4 5 6 7 8 9 10 11 12 13 14 15 16 17 18 19 20 21 22 23 24 25 26 27 28 29 30	1 2 3 4 5 6 7 8 9 10 11 12 13 14 15 16 17 18 19 20 21 22 23 24 25 26 27 28 29 30 31	1 2 3 4 5 6 7 8 9 10 11 12 13 14 15 16 17 18 19 20 21 22 23 24 25 26 27 28 29 30 31

SEPTEMBER	OKTOBER	NOVEMBER	DEZEMBER
1 2 3 4 5 6 7 8 9 10 11 12 13 14 15 16 17 18 19 20 21 22 23 24 25 26 27 28 29 30	1 2 3 4 5 6 7 8 9 10 11 12 13 14 15 16 17 18 19 20 21 22 23 24 25 26 27 28 29 30 31	1 2 3 4 5 6 7 8 9 10 11 12 13 14 15 16 17 18 19 20 21 22 23 24 25 26 27 28 29 30	1 2 3 4 5 6 7 8 9 10 11 12 13 14 15 16 17 18 19 20 21 22 23 24 25 26 27 28 29 30 31

Welchen Monat haben wir?

In welchem Monat hast du Geburtstag?

Wann hast du
Geburtstag?

Mein Geburtstag ist am _____ _____ .

Wann hat dein Freund oder deine Freundin Geburtstag? Schreib das Datum auf.

_____

Die Zahlen

Wie alt bist du?
Zeichne eine Geburtstagstorte mit einer Kerze für jedes Jahr!

Ich bin 8 Jahre alt.
Und du?

Was wünschst du dir? Zeichne die Geschenke.
Und was wünscht sich dein Freund? Und deine Freundin?

Wie heißen die Geschenke
auf Deutsch?

Die Vorstellung fängt an. Die Elefantenfamilie kommt in die Manege.
„Willkommen liebe Kinder, willkommen meine Damen und Herren!
Einen großen Applaus für die Elefantenfamilie aus Afrika."

Die Familie

Mal die Löwenfamilie auf der folgenden Seite an (Papa Löwe, Mama Löwe, Schwester Löwe und Bruder Löwe) und die Elefantenfamilie (Oma und Opa Elefant, Mama Elefant, Papa Elefant, Bruder Elefant und Schwester Elefant).

Schneide sie aus.

Klebe beide Familien auf diese Seite. Wer ist wer?

Die Familie

Bruder Löwe

**Opa Elefant
Oma Elefant**

Schwester Löwe

Mama Elefant

Schwester Elefant

Bruder Elefant

Papa Elefant

**Mama Löwe
Papa Löwe**

Die Familie

Die Familie

Mal den Elefanten an. Such die Wörter: Bruder, Schwester, Papa, Mama, Oma, Opa.

```
H H E R P A B U E H O L
E P M A M A A B U L P N
M M O M A E L A K U M A
N U P A P A N H E B L S
B R U D E R O S O U H A
K A O P A L O S M A M P
L A M H E R M O D E P N
M M S C H W E S T E R U
```

Mal den Stern an: gleiches Wort – gleiche Farbe!

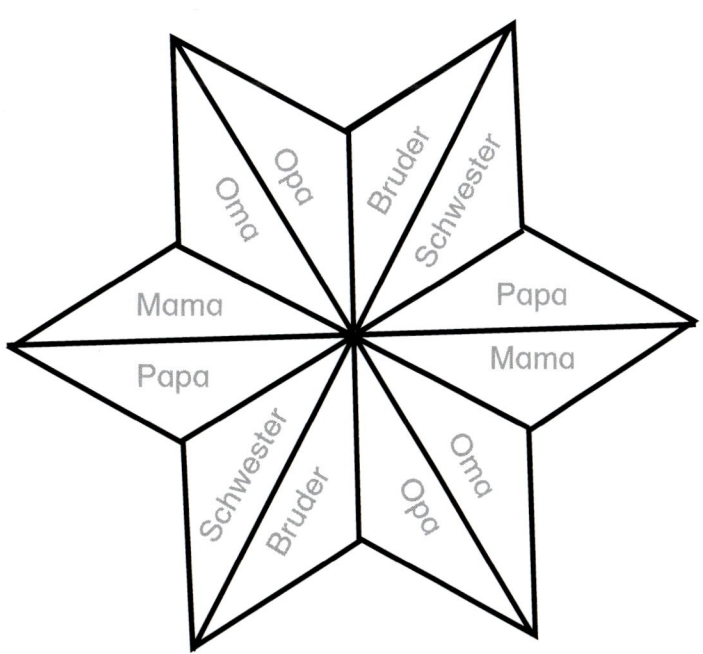

Die Familie

Zeichne deine Familie. Stelle sie deiner Freundin oder deinem Freund vor.

Das ist meine Mama. Das ist mein Papa.

Meine Familie:

Meine Mama heißt _____

_____

_____

_____

Stell jetzt deine Familie der Klasse vor.

Jetzt sind die Clowns Colorini an der Reihe.
Sie schenken den Kindern bunte Luftballons: rote, gelbe, grüne, blaue.

Die Farben

Welche Farben hat der Regenbogen?
Mal ihn an.

Meine Lieblingsfarbe ist blau.
Was ist deine Lieblingsfarbe?

Mal mit bunten Farben eine Landschaft: den Himmel, die Sonne, ein Auto, ein Haus mit Garten.
Frag die anderen: „Mein Haus ist ... Und deins?"
„Mein Auto ist ... Und deins?"

Die Farben

Mal das Bild mit den richtigen Farben an.

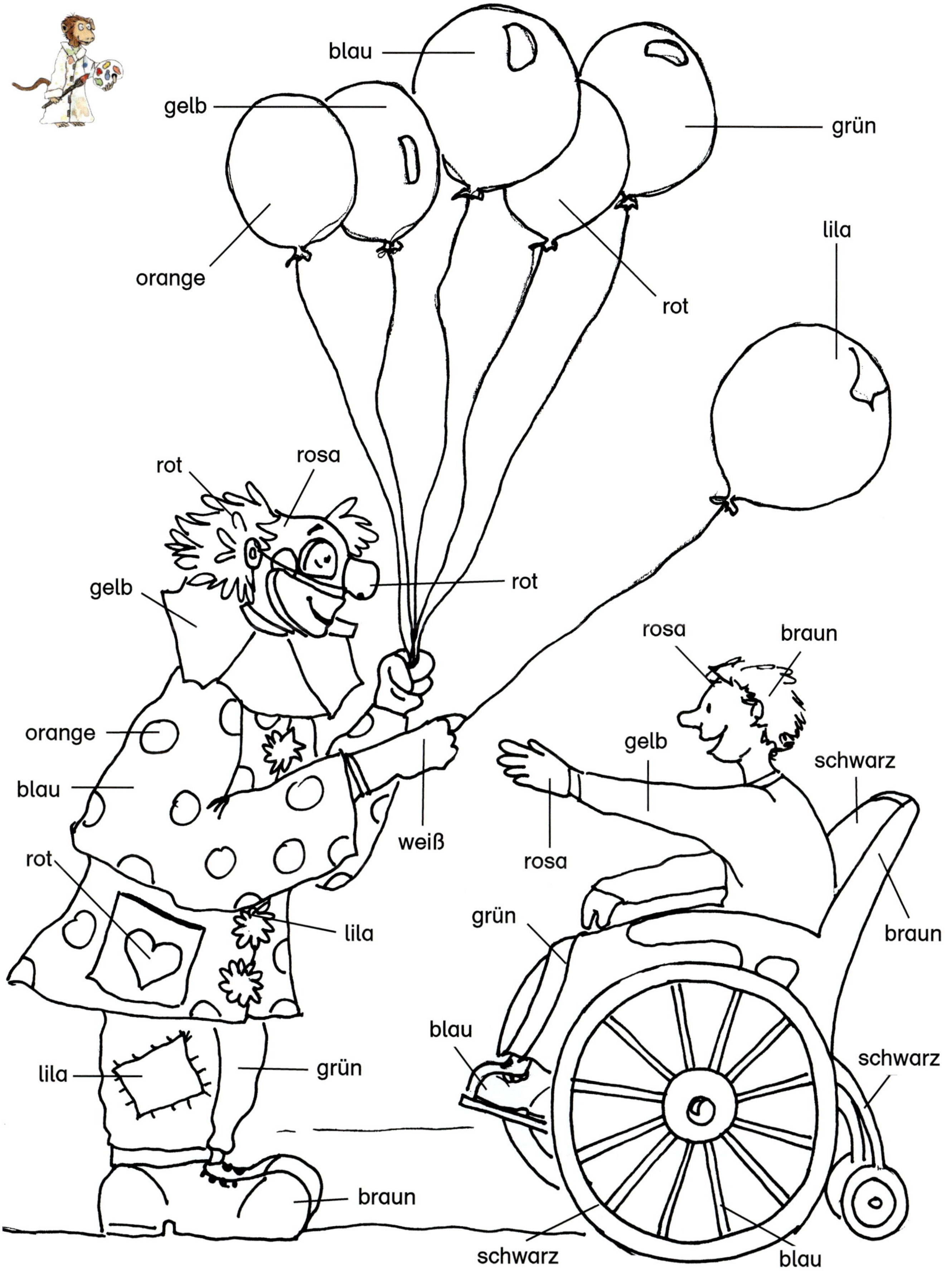

blau

gelb

grün

orange

lila

rot

rot

rosa

gelb

rot

orange

rosa

braun

blau

gelb

schwarz

rot

rosa

weiß

lila

grün

braun

blau

lila

grün

braun

schwarz

schwarz

blau

Die Farben

Mal die Luftballons an. Frag deinen Freund oder deine Freundin nach den Farben.
Welche Farbe hat die Nummer 1? Sie ist …

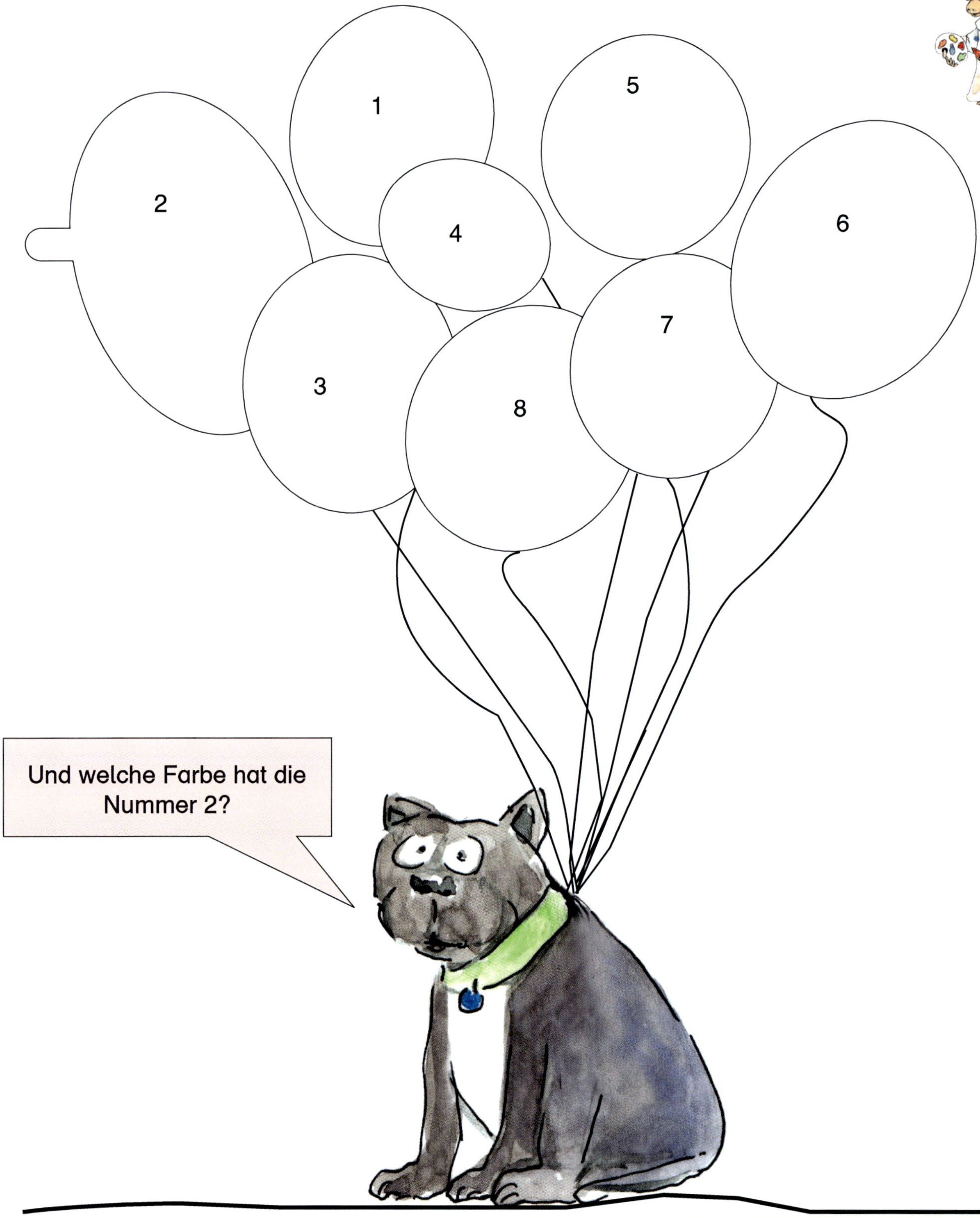

Und welche Farbe hat die Nummer 2?

Die Farben

Lies das Gedicht. Mal den Blumenstrauß dazu.

Gelb, weiß, rot
orange und lila,
rosa und blau,
das passt genau!
Mein Blumenstrauß
sieht herrlich aus.

Was für eine Farbe
hat die Rose?

Mal die Zeichnungen an.

| Rose | Papagei | Zitrone |

| Katze | Baum | Schneemann |

Die Farben

Such in dem Buchstabenkasten die Farben des Regenbogens.

```
A G E L B L L O A Z P L R
F E N E R P K J R O T O D
D L E H B L A U G E P J S
N A R O N O R A N G E N P
K V O D A P E H D W J P K
H E L A G R Ü N E P T F H
D R L I L A A L U Z D K O
```

Beantworte die Fragen und lös das Rätsel. Findest du die Lösung?

1. Welche Farbe hat die Katze?
2. Welche Farbe hat die Sonne?
3. Welche Farbe hat die Tomate?
4. Welche Farbe hat der Schnee?
5. Welche Farbe hat das Gras?

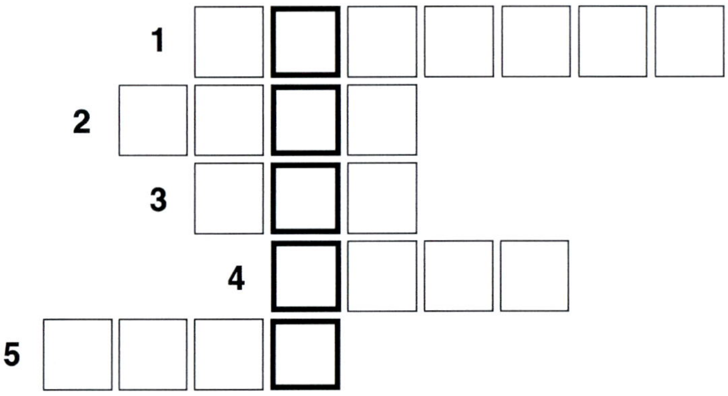

Pause im Zirkus. Man kann etwas essen und trinken.
„Popcorn, Chips, Erdnüsse, Eis, Limonade, Orangensaft!"

Die Lebensmittel

Was magst du gern? Mal deine Lieblingspeisen und -getränke an.

Limonade	Spagetti	Milch	Popcorn
Orangensaft	Wurst	Äpfel	Honig
Pommes	Käse	Tee	Erdnüsse
Bananen	Schokolade	Eier	Zitronen
Wasser	Birnen		

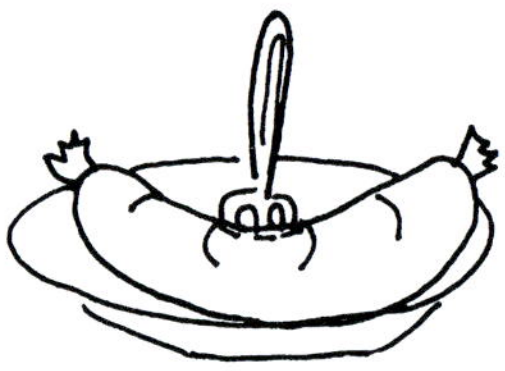

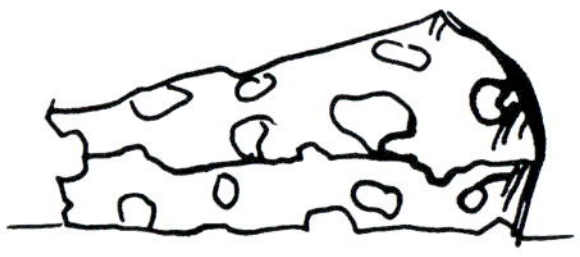

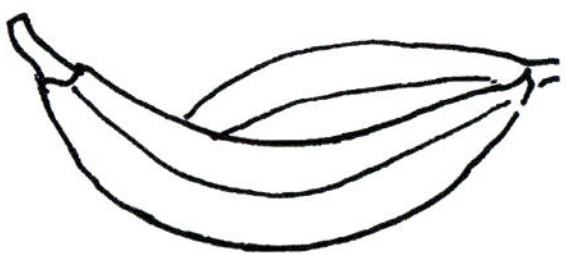

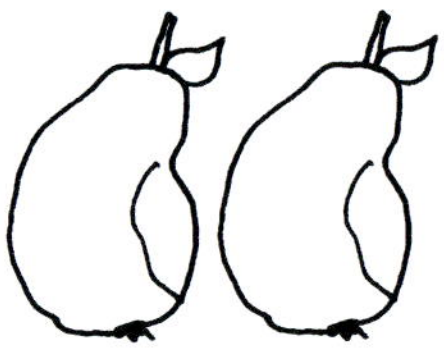

Frag deine Freunde:
„Was magst du gern?"

Ich mag …

Die Lebensmittel

Mal ein Schokoladen-, Erdbeer- und Vanilleeis.

Welches Eis magst du am liebsten?

_____

Was isst und trinkst du gerne? Mal drei Speisen oder Getränke, die du magst.	Was magst du nicht? Mal drei Speisen oder Getränke, die du nicht magst.

Sag eine Speise oder ein Getränk, das du magst. Alle Kinder, die einverstanden sind, stehen auf und sagen:

Sag eine Speise oder ein Getränk, das du nicht magst. Die Kinder, die einverstanden sind, stehen auf und sagen:

Ich auch.

Ich auch nicht.

Die Lebensmittel

Was kann man trinken? Mal alle Getränke an, dann siehst du etwas. Was ist es?

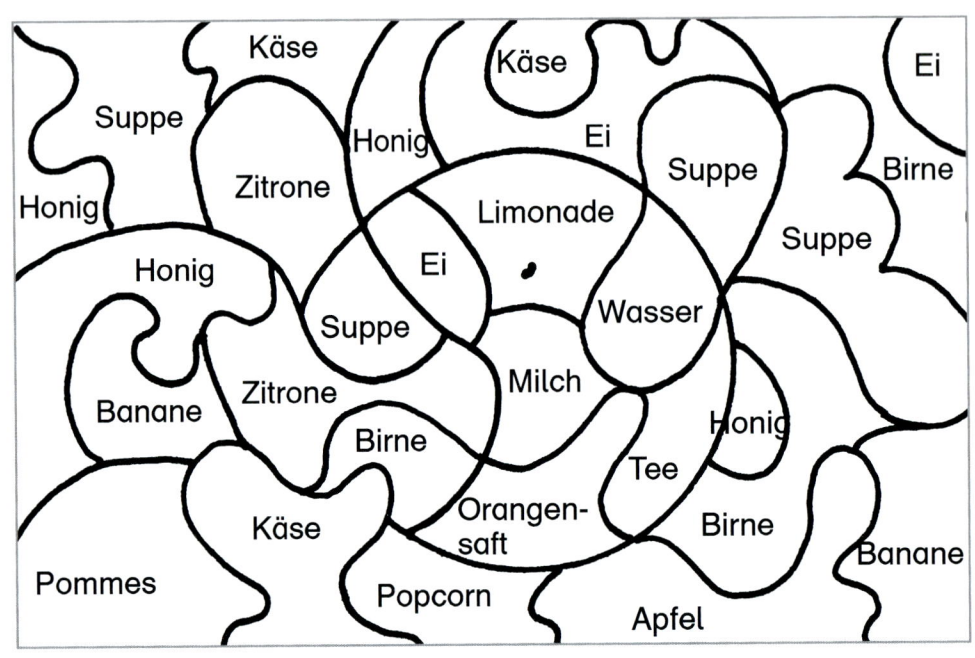

Käse

Käse

Ei

Suppe

Honig

Ei

Suppe

Birne

Honig

Zitrone

Limonade

Suppe

Honig

Ei

Honig

Suppe

Wasser

Banane

Zitrone

Milch

Honig

Birne

Tee

Käse

Birne

Pommes

Orangen-saft

Banane

Popcorn

Apfel

Lös das Rätsel.

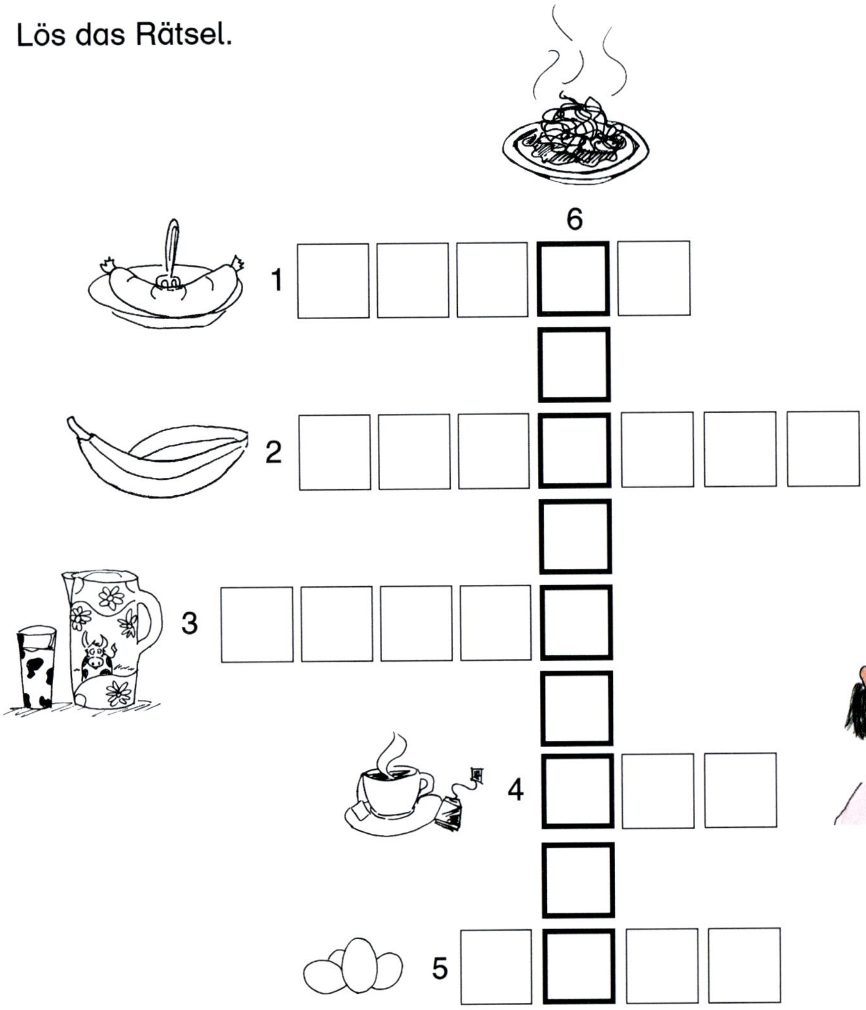

1

6

2

3

4

5

Frag deine Freundin oder deinen Freund:

Magst du Tee?
Magst du ...?

Die Lebensmittel

Mal die Wochentage an. Welcher Tag ist heute?
Was möchtest du heute essen? Mal es und schreib es auf.

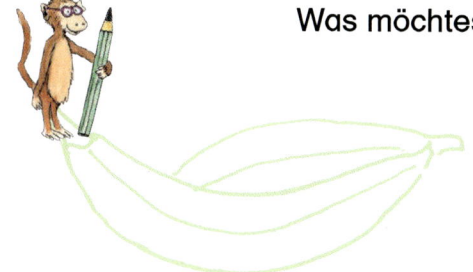

Montag

Dienstag

Mittwoch

Donnerstag

Freitag

Samstag

Sonntag

Wie heißt ... auf Deutsch?

Die Lebensmittel

Die Wochentage

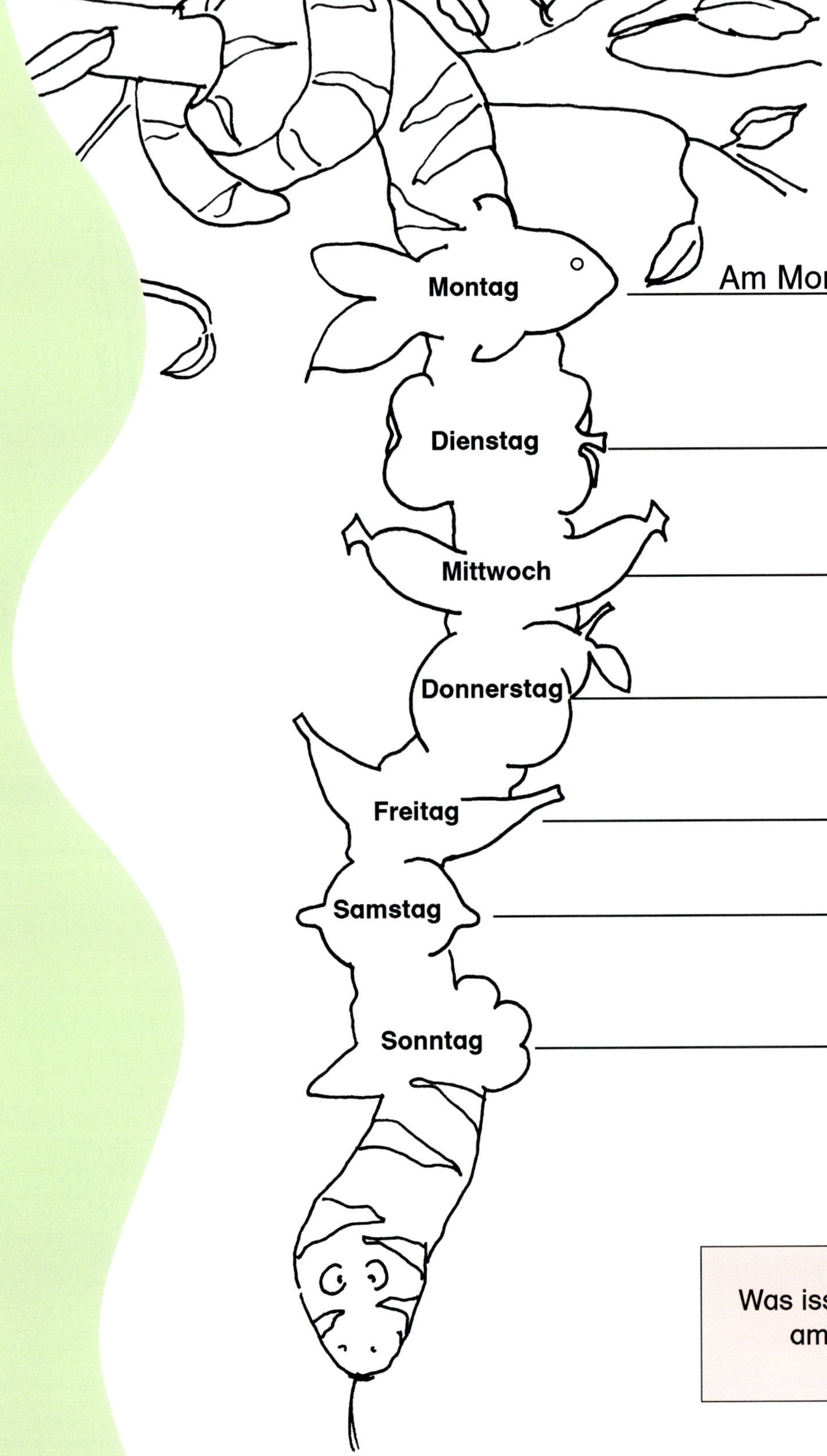

Montag — Am Montag isst die Schlange Fisch.

Dienstag — Paprika.

Mittwoch —

Donnerstag —

Freitag —

Samstag —

Sonntag —

Was isst die Schlange
am Dienstag?

Jetzt ist Jan mit seinem Einrad an der Reihe. Jan zieht sich für seinen Auftritt um. „Wo ist meine Hose?"

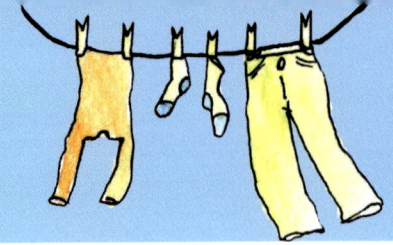

Die Kleidung

Mal die Kleidungsstücke an.

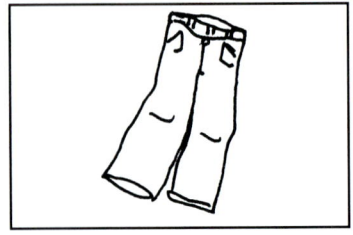

Hose

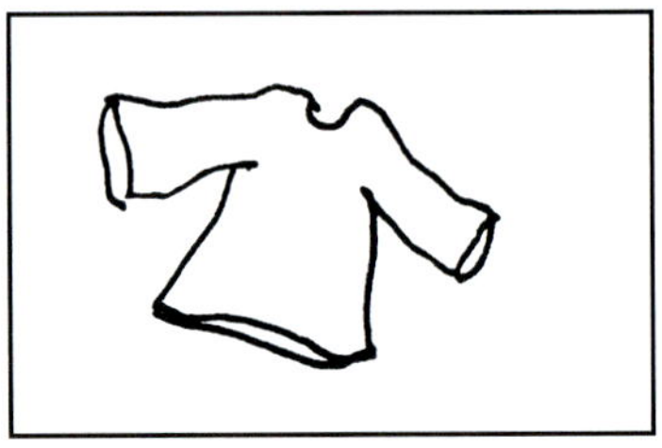

Pullover

Socken

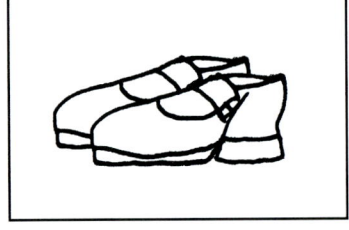

Schuhe

Kleid

Rock

Such die sechs Wörter im Schrank.

```
S  P  P  L  S  C  H  U  H  E
O  H  G  G  A  P  L  T  O  S
C  O  K  K  A  P  A  K  O  K
K  S  E  L  E  S  I  T  A  L
E  E  L  E  N  T  A  N  O  P
N  L  O  I  M  F  R  O  C  K
I  O  N  D  L  D  A  F  F  F
N  N  E  E  U  M  U  G  M  M
E  E  P  T  E  R  S  Y  U  N
S  P  E  U  L  L  O  V  E  R
J  E  U  L  Y  -  -  -  -  -
J  U  B  M  L  -  -  -  -  -
Z  B  -  J  O  -  -  -  -  -
```

Was gibt es
im Schrank?

Die Kleidung

Wir spielen Bingo. Such dir vier Kleidungsstücke aus und mal sie in die Kästchen. Deine Lehrerin oder dein Lehrer ruft ein Kleidungsstück auf. Hast du es gemalt? Wenn ja, kreuz es an. Der erste, der vier Richtige hat, ruft: Bingo!

rote Socken	gelbe Hose	rote Bluse	grüne Schuhe
grüner Rock	blaue Socken	rotes Kleid	blauer Pullover
gelber Rock	lila Rock	grüne Hose	rosa Kleid

Die Kleidung

Was hast du heute an? Mal dich und schreib die Kleidungsstücke auf.

Ich habe _____ an.

Beschreib die Kleidung eines anderen Kindes. Alle raten, wer es ist.

Er hat ... an.
Sie hat ... an.

Die Kleidung

Endlich Ferien! Was kann man in den Koffer packen?
Kreuz es an.

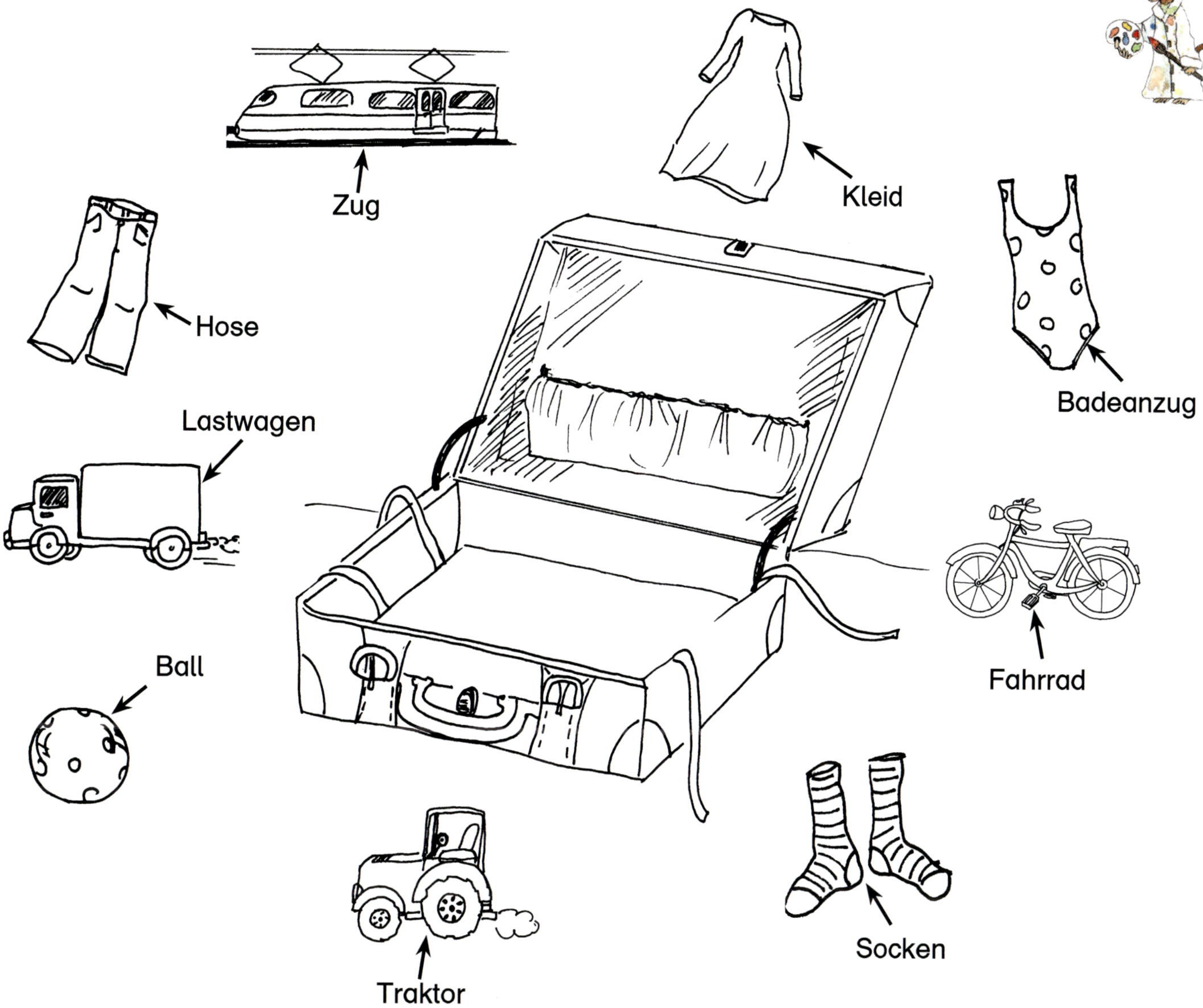

Zug

Kleid

Hose

Badeanzug

Lastwagen

Ball

Fahrrad

Traktor

Socken

Wir spielen Kofferpacken!

Ich packe meinen Koffer und nehme eine rote Hose mit.

Ich packe meinen Koffer und nehme eine rote Hose und ein blaues Kleid mit.

Ich packe meinen Koffer und nehme … mit.

Die Kleidung

Ferien

Ich fahre nach Berlin.
Ich fahre mit dem Zug.

Wohin fährst du?
Womit?

Lös das Rätsel.
Dann erfährst du, was Jan für seinen Auftritt braucht.

„Manege frei für die berühmte Zirkusreiterin!" Jetzt beginnt Meikes Auftritt.
Ohhhh! Jetzt fällt sie vom Pferd! Wie schrecklich!
Zum Glück ist nichts Schlimmes passiert.

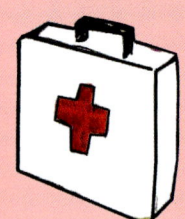

Der Körper

Mal die Wörter an.

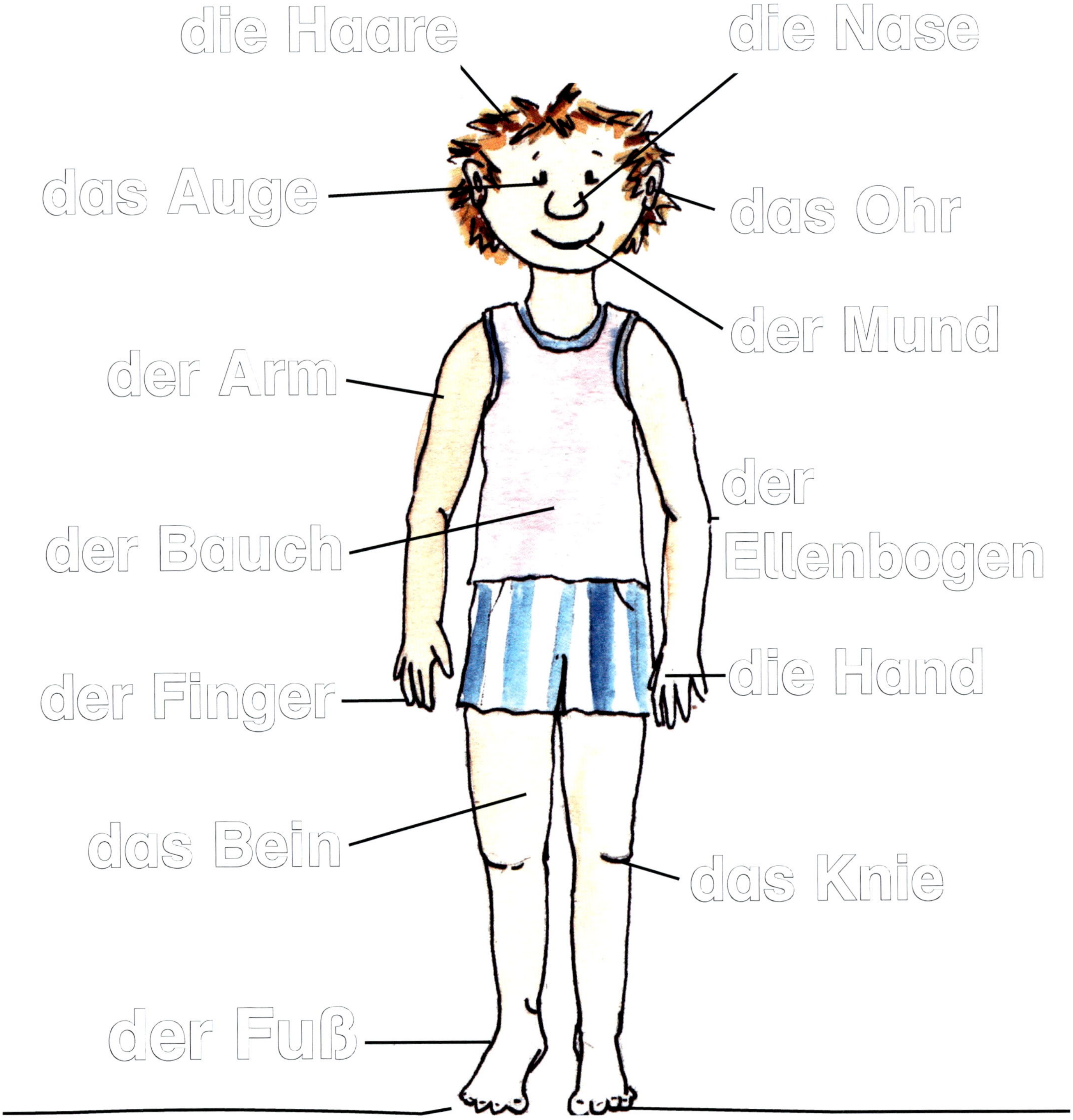

die Haare

die Nase

das Auge

das Ohr

der Mund

der Arm

der Ellenbogen

der Bauch

der Finger

die Hand

das Bein

das Knie

der Fuß

Der Körper

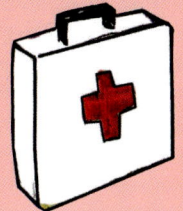

Ich bin 1,60 m groß.
Und du? Wie groß bist du?

1,60	ein Meter sechzig
1,50	ein Meter fünfzig
1,40	ein Meter vierzig
1,30	ein Meter dreißig
1,20	ein Meter zwanzig
1,10	ein Meter zehn
1,00	ein Meter
90	neunzig Zentimeter
80	achtzig Zentimeter
70	siebzig Zentimeter

Lass dich von deiner Lehrerin oder deinem Lehrer messen. Mal dich neben das Zebra.

Ich bin _____ groß.

Wie groß ist deine Freundin oder dein Freund?

Der Körper

Mal dem Clown eine dicke, rote Nase, einen großen Mund und große Ohren.
Welche Farbe haben seine Augen und seine Haare?

Mal eine Person, die du kennst.
Wer ist die Person? Wie heißt sie? Wie alt ist sie?
Erzähl es deiner Freundin oder deinem Freund.

Der Körper

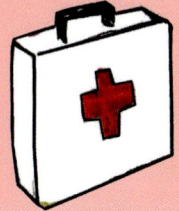

Wir spielen:
Einer von euch ist Max. Max sagt und zeigt ein Körperteil. Alle machen es nach.
Doch Vorsicht! Ihr dürft nur auf Max hören, wenn er mit „Max sagt …" anfängt.
Sonst scheidet ihr aus. Wer als Letzter übrig bleibt, ist als nächster Max.

Schreib die Körperteile in das Rätsel.

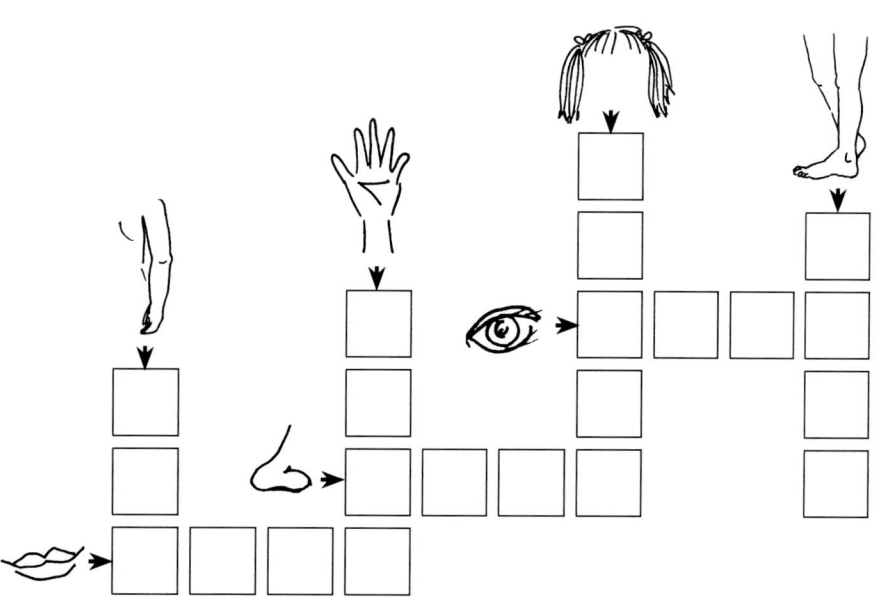

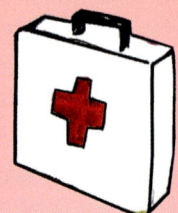

Der Körper

Sehen August und Emil gleich aus?
Sucht gemeinsam die Körperteile, die verschieden sind.

August hat eine kleine Nase. Emil hat eine große Nase.

August

Emil

Die Vorstellung ist vorbei. Das Publikum klatscht. Die Künstler verabschieden sich. Die Leute gehen nach Hause. Es ist eine wunderschöne Sommernacht. Am Himmel funkeln der Mond und die Sterne. „Gute Nacht!"

Die Natur

Was ist typisch für Frühling, Sommer, Herbst und Winter?
Such die passenden Bilder. Sprich mit den anderen darüber.

das Meer

die Mütze

der Hase

der Regenbogen

der Apfel

die Kastanien

die Erdbeeren

die Sandburg

Was ist typisch für den Frühling?

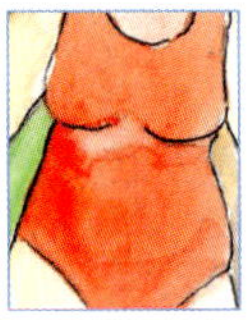

der Badeanzug

der Drachen

Die Blumen.

der Schnee

der Schal

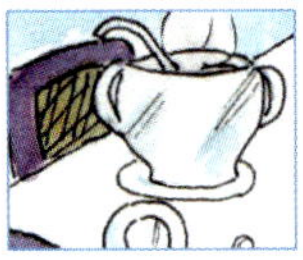

die Suppe

der Regenschirm

der Schmetterling

der Strand

das Nest

die Trauben

der Kamin

die Blätter

die Sonne

die Blumen

die Vögel

die Stiefel

Die Natur

Verbinde die Wörter mit den passenden Jahreszeiten.

FRÜHLING

SOMMER

Das Wetter ist schön.

Es ist warm.

Blume

Sonne

Meer

Trauben

Blätter

Schmetterling

Regen

Strand

Schnee

Wind

Vögel

Es ist windig.

Es ist kalt.

Regenbogen

HERBST

WINTER

Die Natur

Mal ein Bild von der Jahreszeit, die du am liebsten magst.
Welche ist es? Schreib sie dazu.

Welche Jahreszeit hat dein Freund oder deine Freundin gemalt? Frag nach fünf Sachen.
Es darf nur mit ja oder nein geantwortet werden.

Hast du Blumen gemalt?

JA.

NEIN.

Die Natur

Schreib die Geburtstage deiner Freunde und Freundinnen in den Kalender.

Hast du im Herbst Geburtstag?

Nein, ich habe im Sommer Geburtstag, im Juli.

März

April

Mai

Juni

Juli

August

September

Oktober

November

Dezember

Januar

Februar

Wiederholung

FRÜHLING
Wohin gehören die Wörter? Schreib sie an den richtigen Platz.

Regenbogen · Himmel · Schmetterling · Nest · Hase · Katze · Junge ·
Gras · Blume · Rock · Hose

Wiederholung

Wohin gehören die Wörter? Schreib sie an den richtigen Platz.

Ball • Meer • Hund • Sonne • Vogel • Eis • Schiff •
Fahrrad • Badeanzug • Hut • Fuß

Wiederholung

HERBST
Wohin gehören die Wörter? Schreib sie an den richtigen Platz.

Drachen • Regenschirm • Hose • Stiefel • Affe • Apfel • Blätter • Haus

Wiederholung

WINTER

Wohin gehören die Wörter? Schreib sie an den richtigen Platz.

Baum • Schal • Mütze • Kamin • Pullover •
Pferd • Schnee • Auto • Suppe • Nase • Mund

Wiederholung

Was gehört zusammen?

MOND

AUGE

GESCHENK

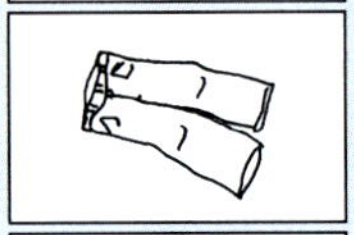

ACHT

BÄR

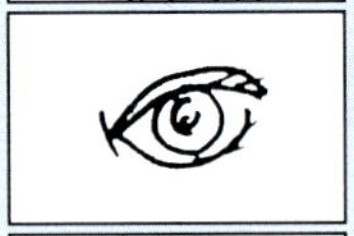

HOSE

FINGER

MÄDCHEN

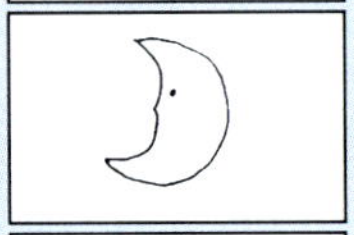

SONNE

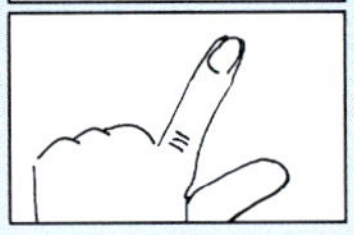

SOCKEN

SPAGETTI

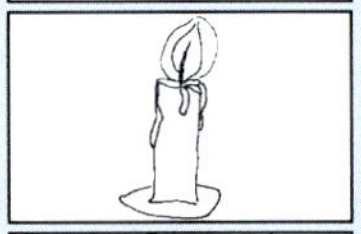

KERZE

KUCHEN

ERDBEERE

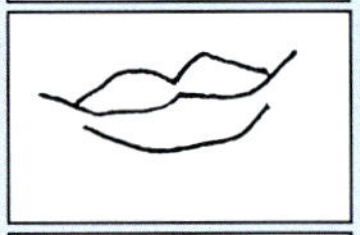

MUND

NEUN

HUND

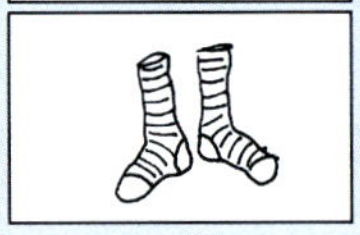

Lös das Rätsel.

60 · sechzig

Wiederholung

Beantworte die Fragen.

Welche Farbe hat die Orange?

Welche Farbe hat der Käse?

Welche Farbe haben die Eier?

Welche Farbe hat die Tomate?

Welche Farbe hat das Meer?

Welche Farbe haben die Blätter?

Welche Farbe hat der Schnee?

Welche Farbe hat die Nacht?

Schreib die Namen der Tiere auf.

A   B   C

Mal die Bilder an.

DER FISCH

blau
rot
blau
gelb
rot

DIE BLUME

lila
gelb
grün

Wiederholung

Beantworte die Fragen.

1. Wie heißt du?

2. Was ist dein Lieblingstier?

3. Wie alt bist du?

4. Wie heißt deine Mutter? Wie heißt dein Vater?

5. Wann hast du Geburtstag?

6. Was ist deine Lieblingsfarbe?

7. Magst du Eis?

8. Mit welchem Körperteil hören wir?

9. Womit fährst du am liebsten?

10. In welcher Jahreszeit hast du Geburtstag?

Wiederholung

Der _____ ist da!

„Hereinspaziert, hereinspaziert meine Damen und Herren,

liebe _____. Willkommen im Zirkus!"

Meike und Jan haben viele Freunde im Zirkus.

„Das ist mein Freund Fips. Fips ist ein _____ ."

Heute hat Meike _____ . Vor der Zirkusvorstellung singen alle ein

Geburtstagslied für sie. „Herzlichen _____!"

Die Vorstellung fängt an. Die _____ kommt in die Manege.

„Willkommen liebe Kinder, willkommen meine Damen und Herren!

Einen großen Applaus für die Elefantenfamilie aus Afrika."

Jetzt sind die Clowns Colorini an der Reihe.

Sie schenken den Kindern bunte _____ :

rote, gelbe, grüne, blaue.

Wiederholung

Pause im Zirkus. Man kann etwas essen und trinken. „Popcorn,

_____ , Erdnüsse, Eis, Limonade, _____!"

Jetzt ist Jan mit seinem _____ an der Reihe.

Jan zieht sich für seinen Auftritt um.

„Wo ist meine _____?"

„Manege frei für die berühmte _____!"

Jetzt beginnt Meikes Auftritt.

Ohhhh! Jetzt fällt sie vom _____! Wie schrecklich!

Zum Glück ist nichts Schlimmes passiert.

Die Vorstellung ist vorbei. Das Publikum klatscht. Die Künstler verabschieden

sich. Die Leute gehen nach _____. Es ist eine wunderschöne

Sommernacht. Am Himmel funkeln der _____ und die Sterne.

„Gute Nacht!"